AN FÁIDH

AN FÁIDH

Kahlil Gibran

A SCRÍOBH AGUS A MHAISIGH

Gabriel Rosenstock

A D'AISTRIGH GO GAEILGE

evertype
2021

Arna fhoilsiú ag/*Published by* Evertype, 19A Corso Street, Dundee, DD2 1DR, Alba/*Scotland*. evertype.com.

Bunteideal/*Original title*: *The Prophet*, Alfred A. Knopf, New York, 1923.

Aistriúchán Gaeilge/*Irish translation* © 2021 Gabriel Rosenstock. An t-eagrán seo/*This edition* © 2021 Michael Everson. An chéad eagrán Mí na Bealtaine 2021/*First edition May 2021*.

Tá taifead catalóige don leabhar seo le fáil ó Leabharlann na Breataine. *A catalogue record for this book is available from the British Library.*

ISBN-10 1-78201-249-4
ISBN-13 978-1-78201-249-8

Dearadh agus clóchur: Michael Everson. Baskerville an cló. *Designed and typeset in Baskerville by Michael Everson.*

Clúdach/*Cover*: Michael Everson.

iv

CLÁR AN ÁBHAIR

CLAR NA MAISIÚCHÁN

AN FÁIDH

ALMUSTAFA, an té a bhí tofa agus ionúin, ar camhaoir roimh a lá féin é, dosaen bliain a bhí sé ag feitheamh i gcathair Orfailíse leis an long a bhí ag filleadh ar a fhód dúchais agus a thabharfadh léi abhaile é.

Agus ar an dara bliain déag sin, an seachtú lá de mhí Aylûl, mí an bhuainte, dhreap sé an cnoc lastall de bhallaí na cathrach agus d'fhéach i dtreo na farraige; agus b'iúd an long tríd an gceobhrán chuige.

Osclaíodh geataí a chroí de phléasc, agus ghabh an lúcháir ina chroí ar eite thar an muir. Dhruid sé a shúile agus ghuigh i bhfillteáin chiúine a anama.

Ach ar a bhealach síos an cnoc dó, bhuail taom uaignis é, agus mhachnaigh sé ina chroí:

Conas a raghaidh mé ann faoi shíocháin gan bhuairt? Ní gan goin anama a fhágfaidh mé an chathair seo.

B'fhada iad na laethanta arrainge a chaitheas laistigh dá ballaí, agus b'fhada iad na hoícheanta is mé liom féin; agus cé atá in ann arraing is uaigneas a fhágaint ina dhiaidh gan cathú a bheith air?

Is iomaí blogh de m'anamsa atá scaipthe ar na sráideanna seo, agus ró-líonmhar iad clann mo mhianta atá ag siúl na gcnoc gan luid orthu, agus ní féidir tarraingt siar uathu gan eire a iompar agus arraing.

Ní ball éadaigh a chaithim díom féin inniu, ach craiceann a stróicimse le mo dhá lámh féin.

Agus ní smaoineamh a fhágaim im' dhiaidh, ach croí atá milsithe ag ocras is tart.

Ach ní thig liom a thuilleadh moille a dhéanamh.

An mhuir a ghlaonn an uile ní chuici féin, glaonn sí ormsa anois, agus ní mór dom dul ar bord.

Dá bhfanfainn, bíodh is go ndónn na huaireanta san oíche, reofainn is chriostalófaí mé agus bheinn gafa laistigh de mhúnla.

Gach a bhfuil anseo, nárbh aoibhinn liom é a thabhairt liom. Ach conas?

4

Ní thig le guth an teanga a iompar ná na beola a thug eití di. Ní mór di an fhirmimint a bhaint amach léi féin.

Leis féin agus gan a nead a eitleoidh an fiolar thar an ngrian.

Anois agus bun an chnoic bainte amach aige, chas sé arís i dtreo na mara, agus chonaic sé an long aige ag teacht faoi dhéin an chuain, agus na mairnéalaigh, a chomhthírigh, chun tosaigh inti.

Agus ghlaoigh a anam amach chucu, agus ar sé:

A chlann mhac mo mhátharsa ársa, a ridirí na dtaoidí, nach iomaí uair a sheol sibh trí mo thaibhrimh. Agus seo chugam anois trí mo dhúiseacht sibh ar taibhreamh níos doimhne í.

Réidh le himeacht agus cíocrach atáim agus mo sheolta ag feitheamh le cóir ghaoithe.

Anáil amháin eile den aer ciúin seo a ghlacfaidh mé, súil amháin eile siar go grámhar,

Is seasfaidh mé faraibh ansin, i mo loingseoir i measc loingseoirí.

5

Agus tusa, a fharraige fhairsing, a
mháthair gan suan,
Tusa amháin is síth agus is síocháin ag an
abhainn is ag an sruthán,
Ní chasfaidh an sruthán seo ach uair
amháin eile, ní chloisfear uaidh ach
monabhar amháin eile sa phlásóg choille
seo,
Agus tiocfad chugat ansin, i mo bhraon
gan teorainn chuig aigéan gan teorainn.

Agus é ag siúl leis, chonaic sé uaidh fir is
mná ag fágáil na ngort is na bhfíonghort
agus iad ag deifriú chuig geataí na cathrach.
Agus chuala sé a nguthanna agus a ainm
á scairteadh acu, agus iad ag liú ó ghort go
gort ag insint dá chéile faoi theacht na
loinge.

Agus ar seisean leis féin:
Agus an lá slógtha a bheidh sa lá
scarúna?
Agus an ndéarfar gurbh é a bhí sa
tráthnóna agamsa le fírinne ná fáinne geal
an lae?
Agus cad a thabharfadsa don té a d'fhág
a chéachta i lár iomaire, nó an té a chuir
stop leis an roth sa chantaoir fíona?

6

An ndéanfar crann, a bheadh trom faoina mheas, de mo chroíse le go gcruinneoinn é le dáileadh orthu?

Agus an mbeidh mo mhianta ina scairdeán le go líonfainn a gcoirn dóibh?

An cláirseach mé a dteagmhódh a Lámh éachtach liom, nó fliúit a ngabhfadh a Anáil tríom?

Is mé an cuardaitheoir tostanna, agus cad iad na cistí a dtáinig mé orthu sna tostanna sin le go riarfainn iad go muiníneach?

Más é seo lá an bhainte domsa, cad iad na goirt inar chuireas an síol, agus cé na séasúir dhearmadta iad?

Más é seo an uair dom go deimhin chun mo lóchrannsa a ardú, ní hí mo lasairse a dhófaidh ann.

Folamh dorcha an lóchrann a ardódsa,

Agus líonfaidh caomhnóir na hoíche le hola é agus is eisean a lasfaidh é chomh maith.

Is i bhfocail a dúirt sé na nithe sin. Ach bhí a lán ina chroí aige nár cuireadh i bhfocail. Mar ní raibh sé féin in ann briathra a fháil don rún ba dhoimhne ann.

∵

Agus nuair a ghabh sé isteach sa chathair tháinig muintir na cathrach go léir chun bualadh leis agus iad ag scairteadh air d'aon ghuth.

Agus sheas saoithe na cathrach roimhe agus ar siad:

Ná himigh uainn go fóill.

Ba thú grian an mheán lae sa chlapsholas dúinn, agus ba i d'óigese a d'aimsíomar spás dár n-aislingí.

Ní strainséir ar bith thú inár measc, ná aoi, ach ár maicín dílis féin.

Fóill ort, is ná lig dár súile do ghnúis a shantú.

Agus arsa na sagairt agus na bansagairt leis:

Ná lig do thonnta na mara teacht eadrainn anois, ná cuimhne a dhéanamh de na blianta a chaithis inár measc.

Shiúil tú inár measc i do spiorad duit, agus ba sholas ar ár n-aghaidh í do scáil.

Thugamar gean thar chách duit. Ach ba ghean gan bhriathar é, agus ceileadh le cailleacha é.

8

Ach scairteann sé os ard anois chugat, agus sheasfadh os do chomhair gan chaille. Agus is mar sin a bhí sé riamh; níor thuig an gean a dhoimhneacht féin go dtí uair na scarúna.

Agus tháinig daoine eile chuige agus d'impíodar air. Ach níor thug sé freagra dóibh. Níor dhein sé ach a cheann a chromadh; agus iad siúd a sheas gar dó, chonaiceadar na deora ag titim ar a ucht. Agus ghabh sé féin agus na daoine sin i dtreo na cearnóige móire os comhair an teampaill.

Agus amach as an sanctóir tháinig bean darbh ainm Almitra. Agus físí a bhí inti.

Agus d'fhéach sé uirthi go tláith, mar ba ise ba thúisce a chuaigh á lorg agus a ghéill dó nuair nach raibh ach aon lá amháin caite aige sa chathair.

Bheannaigh sí dó, á rá:

A Fháidh Dé, an chéim is airde agat á cuardach, is fada tú ag súil led' bhárc ar fhíor na spéire.

Agus anois, tá sí tagtha agus ní mór duitse imeacht.

9

Is domhain atá do thnúth le tír do chuid
cuimhní agus fód dúchais do mhór-
mhianta; ní chuirfidh ár ngrá duit iallach ort
ná ní choinneofar anseo thú ag ár gcuid
riachtanas.

Ach iarraimid an méid seo ort sula
n-imeoidh tú, go labhróidh tú linn agus
d'fhírinne a roinnt linn.

Agus tabharfaimidne dár bpáistí í agus
tabharfaidh siadsan dá bpáistí féin í, agus ní
éagfaidh sí.

I d'aonarán duit, bhís ag faire ár gcuid
laethanta, agus i do lándúiseacht duit d'éist
tú linn ag caoineadh agus ag gáire is sinn fá
shuan.

Nocht sinn mar sin dúinn féin anois, agus
inis dúinn an méid a foilsíodh duitse faoina
bhfuil idir an bhreith agus an bás.

Agus d'fhreagair sé:
A phobal Orfailíse, cad eile a bheadh
mar ábhar comhrá agam ach a bhfuil ag
corraí anois in bhur n-anam istigh?

Agus arsa Almitra ansin, Labhair linn faoin nGrá.

Agus d'ardaigh sé a cheann agus d'fhéach ar an slua, agus thiteadar dá dtost. Agus de ghlór fuinniúil ar sé:

Nuair a sméideann an grá ort, lean é,
Dá dhéine is dá ghéire iad na conairí aige.

Agus nuair atá a dhá sciathán thart ort, géill dó,
Ainneoin go mbeadh claíomh i bhfolach aige a ghortódh thú.

Agus nuair a labhraíonn sé leat, creid é,
Cé go smiotfadh a ghuth do chuid aislingí faoi mar a fhágann an ghaoth aduaidh an gairdín ina fhásach ina dhiaidh.

Cuirfidh an grá coróin ort agus céasfaidh sé thú chomh cinnte céanna. Má chuireann sé an chraobh ag fás, bearrann sé leis í.

Dreapann sé fad le d'airde agus cuim-
líonn do ghéaga go mín is iad ar crith faoin
ngrian,
Is gabhann chomh maith céanna síos go
dtí na fréamhacha chun croitheadh a bhaint
astu agus iad ag cloí leis an ithir.

Mar phunanna arbhair, cnuasaíonn sé
chuige féin thú.
Buailtear thú chun go mbeifeá nocht.
Criathraítear thú le bheith saor ón
gcrotal.
Meiltear i do bháine ar fad thú.
Fuintear thú le bheith solúbtha.
Cuirtear sa tine bheannaithe aige ansin
thú, le go mbeifeá i d'arán beannaithe ag
séire beannaithe Dé.

Déanfaidh an grá an méid sin go léir duit
i dtreo is go nochtfar rúin do chroí féin duit,
agus san eolas sin beidh tú i do bhlogh de
chroí na Beatha.

Ach le teann eagla mura bhfuil uait ach
síth an ghrá agus pléisiúr an ghrá,
B'fhearr duit do nochtacht a chlúdach
agus imeacht amach as an urlár buailte,

12

Isteach i ndomhan gan séasúr, áit a ngáirfidh tú is áit a gcaoinfidh tú ach beidh fuílleach an gháire agus fuílleach na ndeor id' dhiaidh.

Ní thugann an grá uaidh aon ní eile ach é féin agus ní thógann aon ní nach uaidh féin é.

Ní ghlacann an grá seilbh ar éinne agus ní ligeann d'éinne seilbh a ghlacadh air;

Mar is leor an grá dó féin.

Ná habair le teann grá, "Tá Dia im' chroíse," ach abair, "Táimse i gcroí Dé."

Agus ná ceap gur stiúrthóir ar chúrsa an ghrá thú, mar is é an grá, más dóigh leis go bhfuil tú sách cáilithe chuige, stiúrthóir do chúrsasa.

Níl aon ní eile ón ngrá ach go gcomhlíonfaí é féin.

Ach má tá grá agat agus mianta agat dá réir, bíodh siad seo mar mhianta agat:

Leáigh agus bí i do shruthán mear a chanann a shéis don oíche.

Tuig an phian a bhaineann le tláithe a théann thar fóir.

Bheith gonta ag an tuiscint atá agat don ghrá;

Do chuid fola ag sileadh uait go fonn-mhar áthasach.

Dúiseacht le giolc an ghealbhain is do chroí ar eite chun buíochas a ghabháil as lá eile le hofráil agat don ghrá;

Sos a ghlacadh um nóin agus machnamh a dhéanamh ar eacstais an ghrá;

Filleadh abhaile um thráthnóna agus buíochas i do chroí.

Codladh ansin agus paidir ar son d'ansachta i do chroí agus duan molta i mbarr do ghoib.

Labhair Almitra ansin arís agus ar sise,
Agus cad faoin bPósadh, a mháistir?
Agus d'fhreagair sé, á rá:
Rugadh le chéile sibh, agus is le chéile a bheidh sibh go brách.
Le chéile a bheidh sibh nuair a scaipfidh sciatháin bhána an bháis bhur laethanta oraibh.
Go deimhin, beidh sibh le chéile fiú i gcuimhne chiúin Dé.
Ach bíodh spásanna eadraibh agus sibh le chéile.
Agus lig do ghaotha neimhe damhsa eadraibh.

Tugaigí grá dá chéile, ach na déanaigí banna den ghrá:
Bíodh sé mar mhuir a ghluaiseann idir chladaigh bhur n-anama.
Líonaigí corn a chéile ach ná hólaigí as aon chorn amháin.

15

Tugaigí arán dá chéile ach ná hithigí den bhuilín céanna.

Canaigí agus damhsaígí le chéile, ach bíodh gach duine leis féin,

Faoi mar is leo féin iad sreanga na liúite cé go gcuireann an ceol céanna iad ar crith.

Tugaigí bhur gcroí dá chéile, ach ní le cur i dtaisce.

Lámh na Beatha amháin is coimeádán an chroí ann.

Agus seasaigí le chéile ach ní ró-ghar dá chéile:

Mar is scartha óna chéile a sheasann colúin an teampaill

Agus ní ar scáth a chéile a fhásann an dair agus an chufróg.

Bean a raibh naíon lena hucht, ar sise,
Labhair linn faoi Leanaí.
Agus ar seisean:
Ní leanaí leat iad do chuid leanaí.
Clann mhac is clann iníonacha na
Beatha iad is í ag tnúth léi féin.
Tríbhse ach ní uaibhse a thángadar,
Agus cé gur faraibh atá siad ní libh iad.

Féadann sibh bhur ngrá a thabhairt
dóibh ach ní bhur gcuid smaointe,
Mar tá a gcuid smaointe féin acu.
Féadann sibh díon dá gcolainn a chur ar
fáil dóibh ach ní dá n-anam,
Mar is i dtigh an lae amárach atá cónaí
ar a n-anam, nach féidir cuairt a thabhairt
air, fiú i dtaibhreamh.
D'fhéadfá tabhairt faoi bheith cosúil leo,
ach ná tabhair faoi iadsan a bheith cosúil
leatsa.

Mar ní ghabhann an saol siar agus ní chrochann thart leis an lá inné.

Is sibhse na boghanna óna dteilgtear bhur leanaí mar shaigheada beo.

Feiceann an boghdóir an marc ar chonair na síoraíochta, agus lúbann Sé lena neart thú chun go raghadh A shaigheada i bhfad agus go mear.

Lúbtar faoi lámh an Bhoghdóra thú ar mhaithe le lúcháir;

Má tá grá Aige don tsaighead a eitlíonn, tá grá Aige chomh maith don bhogha atá socair.

Arsa fear saibhir ansin, Labhair linn faoin Déirc.

Agus d'fhreagair sé:

Ní thugann tú uait ach beagán nuair a thugann tú uait de do mhaoin.

Ní thugann tú uait i gceart go dtí go dtugann tú uait díot féin.

Mar cad is ea maoin ach nithe a choinn-íonn tú agus a chosnaíonn tú ar eagla go mbeadh gá agat leo amárach?

Agus amárach, cad a thabharfaidh an lá amárach don ghadhar ró-stuama a chuir-fidh cnámha sa ghaineamh do-eolais agus na hoilithrigh á leanúint aige go dtí an chathair bheannaithe?

Agus cad is eagla roimh riachtanas ann ach riachtanas eile?

Eagla roimh thart agus an tobar lán, nach tart domhúchta é sin?

Tá dream ann a thugann uathu beagán den mhórán atá acu—agus is ar mhaithe le

haitheantas a fháil a thugann siad uathu é
agus is mífholláin iad a gcuid bronntanas de
dheasca a gcuid mianta rúnda.

Agus tá dream ann nach bhfuil acu ach
an beagán agus tugann siad uathu go léir é.

Sin iad an dream a chreideann sa saol
agus i bhféile an tsaoil, agus ní folamh riamh
a bhíonn an ciste acu.

Tá dream ann agus is go lúcháireach a
thugann siad uathu, agus is luach saothair
dóibh an lúcháir sin.

Agus tá dream ann agus is peannaid
dóibh tabhairt uathu, agus is í a mbaisteadh
í an pheannaid sin.

Agus tá dream ann a thugann uathu agus
ní peannaid dóibh é, is níl lúcháir uathu
agus níl suáilce ar aigne acu agus iad ag
tabhairt uathu;

Tugann siad uathu mar a thugann an
miortal anáil a chumhrachta uaidh san
fholús.

Trí lámha na ndaoine sin a labhraíonn
Dia, agus ó chúl a gcuid súl a bhíonn sé ag
taitneamh ar an domhan.

Is maith a bheith in ann tabhairt uait
nuair a iarrtar ort, ach is fearr tabhairt uait
go tuisceanach nuair nach n-iarrtar ort;

Lúcháir níos mó ná tabhairt uait is ea an duine fial agus an té a ghlacfaidh uaidh á lorg aige.

Agus an bhfuil aon ní is cóir a choinneáil siar?

Gach a bhfuil agat, tabharfaidh tú uait é lá éigin;

Tabhair anois mar sin, chun gur leatsa é séasúr na féile seachas leis an dream a thiocfaidh i do dhiaidh.

Deir sibh go minic, "Thabharfainn uaim ceart go leor, ach don té a thuillfeadh é agus dó siúd amháin."

Ní hin a deir na crainn sna húlloird agaibh ná na tréada sna páirceanna.

Tugann siad uathu le bheith beo, mar chaillfí iad dá gcoinneoidís siar é.

An té a thuilleann an lá agus an oíche, nach bhfuil gach aon rud eile tuillte aige?

Agus an té a ólann as aigéan na beatha nach ceart dó a chorn a líonadh ó do shruthánsa?

Agus cén tuillteanas is mó a bheidh ann ná an tuillteanas atá sa mhisneach is sa mhuinín—go deimhin, féile an té a ghlacann le déirc?

Agus cé thusa go gcaithfidh daoine a
mbrollach a shracadh agus an mórtas iontu
a nochtadh, chun go bhfeicfeása a bhfiúntas
go soiléir agus a mbród is gan scáth ná náire
orthu faoi?

Féach i dtosach an bhfuil sé tuillte agatsa
a bheith i do bhronntóir, agus i d'uirlis
chuige sin.

Mar, déanta na fírinne, is í an bheatha
féin a bhronnann í féin ar an mbeatha—
agus tú féin, an bronntóir mar dhea, níl
ionatsa ach an finné.

Agus sibhse na glacadóirí—agus is
glacadóirí sibh uile—ná glacaigí le hualach
an bhuíochais, ar eagla cuing a chur oraibh
féin agus ar an mbronntóir.

Ina áit sin, éirígí i dteannta an bhronn-
tóra ar na féiríní faoi mar ba sciatháin iad;

Mar is ionann cuimhneamh rómhór ar
an bhfiacha agus amhras a bheith ort faoi
fhlaithiúlacht an té a bhfuil an domhan
saorchroíoch mar mháthair aige, agus Dia
mar athair.

Arsa seanfhear ansin, óstóir ab ea é, ar seisean, Labhair linn faoi Ithe agus Ól.

Agus ar seisean:

Nach trua nach féidir maireachtáil ar chumhracht an domhain amháin, agus a bheith i do phlanda aeir is gan de chothú agat ach an solas.

Ach óir caithfidh tú marú a dhéanamh chun greim a chur i do bhéal, agus an bainne a sciobadh ón nua-ghin chun do thart a mhúchadh, bíodh sé ina ghníomh adhartha.

Agus bíodh do bhord ina altóir le go ndéanfaí íobairt de neacha íona gan smál na foraoise agus an mhachaire ar son a bhfuil níos íne agus gan smál sa duine.

Nuair a mharaítear ainmhí, abair leis i do chroí:

"An fórsa céanna a mharóidh tusa a
mharóidh mise; agus ídeofar mise leis.

An dlí a d'fhág faoi mo lámhsa thú a
fhágfaidh mise faoi lámh níos tréine.

Níl i m'fhuilse agus i d'fhuilse ach an sú
a chothaíonn crann neimhe."

Agus nuair a bhascann tú úll le d'fhiacla,
abair leis i do chroí,

"Mairfidh do chuid síolta im' cholainnse,

Agus bachlóga an lae amárach agat
bláthóidh siad i mo chroíse,

Agus m'anáilse a bheidh i do chumh-
rachtsa,

Agus déanfaimid gairdeas le chéile i
gcaitheamh na séasúr."

Agus sa bhfómhar, nuair a bhaileoidh tú
na caora fíniúna ó na fíonghoirt don
chantaoir fíona, abair i do chroí,

"Fíonghort mise leis, agus cnuasófar mo
chuid torthaí don chantaoir fíona,

Agus mar fhíon úr coinneofar i soithí
síoraí mé."

Agus sa gheimhreadh, nuair a tharraing-
eofar an fíon, bíodh amhrán i do chroí le
haghaidh gach coirn;

24

Agus bíodh cuimhne agat san amhrán ar laethanta an fhómhair, ar an bhfíonghort, agus ar an gcantaoir fíona.

Arsa treabhdóir ansin, Labhair linn faoin Obair.

Agus d'fhreagair sé, á rá:

Oibríonn sibh chun a bheith i dtiúin leis an domhan agus le hanam an domhain.

Mar an té atá díomhaoin, is strainséir i measc na séasúr é agus ní páirteach atá sé i mórshiúl an tsaoil atá ag máirseáil go maorga is é ag géilleadh go mórtasach don tsíoraíocht.

Agus tú ag obair, fliúit atá ionat agus i gcroí na fliúite iompaíonn siosarnach na n-uaireanta ina séis.

Cén duine agaibh a bheadh ina ghiolcach, balbh ciúin, agus gach éinne eile ag canadh le chéile?

Dúradh leat i gcónaí go raibh an obair mallaithe agus an saothar ina mhí-ádh.

Ach deirimse leat, nuair a oibríonn tú comhlíonann tú cuid d'aisling imeall an domhain a tugadh duitse nuair a cruthaíodh an aisling sin,

Agus nuair a choinníonn tú ort ag obair, is ag tabhairt grá don saol atá tú,

Agus nuair a thugtar grá don saol trí shaothar a dhéanamh, faightear eolas ar chroílár rún na beatha.

Ach i lár do pheannaide má thugann tú tubaiste ar an mbreith agus más dóigh leat cothú na colainne a bheith ina mhallacht atá scríofa ar do chlár éadain, is é a deirimse leat nach nglanfadh aon ní an méid atá scríofa ach allas do mhalaí.

Dúradh leat go bhfuil an saol seo dorcha, agus athdhearbhaíonn tú go hatuirseach an méid a dúradh go faonlag.

Agus deirimse leat gur fíor gur dorcha an saol é ach amháin nuair atá cíocras ann,

Agus is dall é an cíocras ach amháin nuair atá eolas laistiar de.

Agus baois is ea gach eolas ach amháin nuair a shaothraítear é,

Agus is folamh gach saothar gan ghrá;

27

Agus nuair a oibríonn tú le grá bíonn tú ceangailte díot féin, agus dá chéile, agus de Dhia.

Cad is brí le bheith ag obair le grá?

An t-éadach a fhí le snáth a tharraingí-tear as an gcroí, faoi mar ba í do chéadsearc a chaithfeadh an t-éadach sin.

Tigh a thógaint go grámhar, faoi mar ba í do chéadsearc a chónódh ann.

Síolta a chur go tláith agus an fómhar a bhaint le háthas, faoi mar ba í do chéad-searc a d'íosfadh an toradh.

Gach aon rud a mhúnlófá a luchtú le hanáil do spioraid féin,

Agus a fhios agat go bhfuil na mairbh bheannaithe go léir ina seasamh thart ort agus ag breathnú ort.

Is minic a chuala mé tú á rá faoi mar ba trí do shuan é: "Is uaisle an té a oibríonn i marmar, agus cruth a anama féin a aimsiú sa chloch, ná an té a threabhann an chré.

Agus an té a bheireann ar bhogha ceatha le cur ar éadach in íomhá an duine, gur mó é siúd ná an té a dhéanann cuaráin dár gcosa."

Ach deirimse, agus ní trí mo shuan é, ach trí ró-dhúiseacht um nóin, nach binne a labhraíonn an ghaoth leis an dair ollmhór ná leis na seamaidí féir is lú amuigh;

Agus is é an mór-dhuine, agus eisean amháin, an té a chasann glór na gaoithe ina amhrán ar binne fós de thoradh a ghrá é.

Is é is saothar ann ná an grá agus é sofheicthe.

Mura bhfuil do chroí sa saothar b'fhearr duit an saothar a chaitheamh i dtraipisí, suí ag geata an teampaill agus déirc a ghlacadh uathu siúd a oibríonn le fonn.

Má bhácáiltear arán ar nós cuma liom, is goirt an t-arán a bheidh ann nach sásóidh ach leath d'ocras an duine.

Más go doicheallach a bhrúitear na caora fíniúna, driogann an doicheall sin nimh san fhíon.

29

Más mar aingeal a chanann tú, agus murar bhreá leat féin an canadh, clúdaítear cluas an duine ar ghuthanna an lae is ar ghuthanna na hoíche.

Labhair bean ansin agus ar sise, Labhair linn faoin Áthas is faoin mBrón.

Agus d'fhreagair sé:

Is é is áthas ann ná do bhrón is an masc bainte de.

An tobar céanna as a n-éiríonn do gháire, nach minic líonta le deora é.

Ní fhéadfadh sé a bheith ar aon slí eile.

Dá dhoimhne a ghearrann an brón sin ionat is ea is mó slí a bheidh ann don áthas.

An corn ina mbíonn an fíon agat nach é an corn céanna é a dódh in oigheann an photaire?

Agus an liúit a shuaimhníonn d'anam, nach den adhmad céanna é a ghearr an scian?

Nuair a bhíonn áthas ort, breathnaigh go domhain isteach i do chroí agus feicfidh tú gurb é fáth do bhróin é fáth d'áthais.

Nuair a bhíonn brón ort, breathnaigh isteach i do chroí arís, agus feicfidh tú le

fírinne gurb é fáth d'áthais atá á chaoineadh
agat.

Deir cuid agaibh, "Is mó ná an brón é an
t-áthas," agus deir a thuilleadh agaibh, "Ní
hea, is mó é an brón."
Ach deirimse libh gur doscartha atá siad.
Le chéile a thagann siad, agus má shuíonn
ceann acu leis féin chun boird leat, tá an
ceann eile ina luí ar do leaba.

Go deimhin, ar crochadh ar nós scálaí
atá tú idir an brón agu an t-áthas.
Ní go dtí go mbíonn tú folamh a bheidh
tú socair cothrom.
Nuair a ardóidh an cisteoir thú chun an
t-ór is an t-airgead a mheá, ag titim nó ag
éirí a bheidh do bhrón nó d'áthas.

Tháinig saor cloiche amach as measc an
tslua is ar sé, Labhair linn faoi Thithe.
Agus d'fhreagair sé, á rá:
Tóg grianán san uaigneas sula dtógann
tú teach laistigh de bhallaí na cathrach.
Mar faoi mar a thagann tú abhaile sa
chontráth, is amhlaidh don fhánaí ionat, de
shíor i gcéin agus leat féin.
Do cholainn mhór is ea do theachsa.
Fásann sé faoin ngrian agus codlaíonn i
gciúnas na hoíche; agus ní gan taibhrimh é.
Nach mbíonn taibhrimh ag do theachsa?
Agus i lár an taibhrimh, nach bhfágann sé
an chathair chun grianán nó mullach cnoic
a bhaint amach?

Dá bhféadfainn bhur dtithe a chnuasach
im' dhearna, agus mar shíoladóir iad a
scaipeadh sna foraoisí agus sna cluainte.
Dá mba ghleanntáin iad bhur sráideanna,
agus bhur gcaolsráideanna ina gconairí

glasa, go lorgódh sibh a chéile sna fíon-
ghoirt, agus cumhracht na hithreach ó bhur
gcuid éadaigh.

Ach ní tharlóidh sé sin go fóill.

Bhí sceimhle ar bhur sinsir romhaibh
agus chruinníodar róghar dá chéile sibh.
Agus mairfidh an sceimhle sin tamall eile.
Seasfaidh ballaí na gcathracha tamall eile
idir an tinteán agus an gort.

Agus abraigí liom, a phobal Orfailíse, cad
atá agaibh sna tithe sin? Agus cad atá á
ghardáil agaibh laistiar de na doirse sin faoi
ghlas?

An bhfuil síocháin agaibh, an cíocras
ciúin a nochtann bhur gcumhacht?

An bhfuil cuimhní agaibh, na háirsí
lonracha atá faoi bhuaic na haigne?

An bhfuil áilleacht agaibh, a threoraíonn
an croí ó nithe a mhúnlaítear as adhmad is
cloch go dtí an sliabh beannaithe?

Abraigí liom, an bhfuil na nithe sin sna
tithe agaibh?

Nó an é nach bhfuil agaibh ach só, agus
dúil sa só, an ní slítheánta sin a thagann
isteach sa teach mar aoi, é ina thíosach ar
ball, agus ansin ina mháistir?

∴

Sea go deimhin, agus ceansaíonn sé sibh, agus déanann puipéid de bhur mhórmhianta le crúcaí is le sciúirse.

De shíoda iad a lámha, d'iarann a chroí.

Cuireann sé chun suain sibh ach seasann cois na leapa agaibh chun magadh a dhéanamh faoi dhínit na colainne.

Déanann sé magadh faoi bhur gcéadfaí, agus leagann iad ar chanach feochadáin ar nós soithí sobhriste.

Sea go dearfa, maraíonn dúil sa só paisean an anama, agus siúlann ansin agus cár air sa tsochraid.

Ach sibhse, a chlann na fairsinge, sibhse atá suaite ag an só, ní bhéarfar oraibhse agus ní cheansófar sibh.

Ní ancaire a bheidh sa teach agaibhse ach crann seoil.

Ní scannán lonrach a bheadh ann a chlúdódh créacht, ach caipín súile a chosnódh an tsúil.

Ní fhillfidh sibh bhur sciatháin chun dul an doras isteach, ná bhur gceann a chromadh le nach mbuailfidís in aghaidh na síleála, ná gan anáil a tharraingt ar eagla go scoiltfeadh is go sceithfeadh na ballaí.

Ní bheidh cónaí oraibhse i dtuamaí a dhein na mairbh do na beo.

Agus más taibhseach galánta féin é, ní choinneoidh bhur dteach bhur gcuid rún ná ní dhéanfaidh bhur ndúil a chosaint.

Is san áras spéire atá cónaí ar an gcuid sin díotsa atá gan teorainn, arb é ceobhrán na maidine a dhoras, agus arb iad a chuid fuinneog iad laoithe agus tostanna na hoíche.

Agus arsa an fíodóir, Labhair linn faoi Éadach.

Agus d'fhreagair sé:

Ceileann do chuid éadaigh cuid mhaith de d'áilleacht, ach ní cheileann siad an ghránnacht.

Agus cé go lorgaíonn tú saoirse na príobháide in éadach, gheofá ann slabhra is úim.

Is trua nach mbeannaíonn tú don ghrian is don ghaoth le níos mó den chraiceann agus níos lú den éadach,

Mar i solas na gréine tá anáil na beatha agus tá lámh na beatha sa ghaoth.

Deir cuid agaibh, "Is í an ghaoth aduaidh a d'fhigh an t-éadach a chaithimid."

Agus deirimse, Ba í go deimhin,

Ach ba í an náire an seol a bhí aici, agus boige na bhféitheog mar shnáth aici.

Agus nuair a bhí a cuid oibre déanta aici, gháir sí san fhoraois.

Ná dearmad gurb é atá sa mhodhúlacht ná sciath in aghaidh súile an té nach bhfuil glan.

Agus nuair nach bhfuil an neamhghlan ann níos mó, cad a bhí sa mhodhúlacht ach laincis agus truailliú na haigne.

Agus ná dearmad gur breá leis an domhan do chosa nochta a bhrath agus is mian leis na gaotha spraoi le d'fholt.

Agus arsa ceannaí, Labhair linn faoi Dhíol is Ceannach.

Agus d'fhreagair sé, á rá:

Tugann an domhan a chuid torthaí duit, agus ní bheidh ganntanas ort má tá a fhios agat conas do lámha a líonadh.

Is trí bhronntanais an domhain a mhalartú a gheobhaidh tú flúirse do shástachta.

Ach mura bhfuil an grá agus an ceart cineálta laistiar den mhalartú sin beidh daoine áirithe ann a bheidh santach agus daoine eile ocrach dá dheasca sin.

Nuair a bheidh sibh sa mhargadh, sibhse a bhíonn ag treabhadh na dtonn is na ngort is ag saothrú na bhfíonghort, buaileann sibh le fíodóirí is potairí is cnuasaitheoirí spíosraí,—

Glaoigí ansin ar mháistir-spiorad an domhain, chun teacht in bhur láthair agus na scálaí a bheannú agus an cuntas a

mheánn luachanna in aghaidh luachanna
eile.

Agus ná ligigí don dream neamh-
fhiúntach páirt a ghlacadh in bhur ngnó,
iad siúd a dhíolfadh a gcuid focal ar bhur
saothar.

Abraigí leosan,

"Tagaigí linne go dtí an gort, nó téigí
lenár mbráithre chun farraige is caithigí
amach bhur líon;

Mar beidh an talamh is an mhuir chomh
torthúil daoibhse is atá siad dúinne."

Agus má thagann na hamhránaithe agus
na rinceoirí agus na fliúiteadóirí—ceannaígí
uathusan chomh maith.

Mar is cnuasaitheoirí torthaí agus túise
iad, agus cé gur de bhrionglóidí a múnlaí-
odh a gcuid féiríní, is éadach agus cothú le
haghaidh bhur n-anama iad.

Agus sula bhfágann sibh láthair an
mhargaidh, bígí cinnte nach bhfuil éinne ag
imeacht agus a dhá lámh chomh fada le
chéile.

Mar ní sámh a chodlóidh máistir-spiorad
an domhain ar an ngaoth mura sásófar
riachtanais an té is lú eadraibh.

Agus tháinig duine de bhreithiúna na cathrach chun tosaigh agus ar sé, Labhair linn faoi Choiriúlacht agus Pionós.

Agus d'fhreagair sé, á rá:

Is nuair a théann do spiorad ar fán ar an ngaoth,

Is ansin, leat féin, go neamhairdeallach a dhéanfá éagóir ar dhuine eile agus dá réir sin ort féin.

Agus de dheasca na héagóra sin, beidh ort cnagadh ar gheata na naomh agus fanacht tamall is gan aird ag éinne ort.

Is cuma nó aigéan é do dhia-fhéin;
Gan teimheal a bheidh sé go deo.
Agus ar nós an éitir, ní ardófar gan eití thú.
Ar nós na gréine atá do dhia-fhéin;
Níl bealaí an chaocháin ar eolas aige agus ní lorgaíonn sé poill na nathrach.

41

Ach ní leis féin a chónaíonn an dia-fhéin ionat.

Is duine cuid mhór a bhfuil ionat, agus tá cuid mhór díot nach bhfuil ina dhuine fós,

Ach pigmí éagruthach, suansiúlaí sa cheobhrán, ag lorg a dhúiseachta féin.

Agus is mian liom labhairt libh anois faoin duine atá ionaibh.

Mar is eisean agus ní hé an dia-fhéin ná an pigmí sa cheobhrán a thuigeann cad is coiriúlacht ann agus an pionós a thuilleann an choiriúlacht sin.

Is iomaí uair a chuala mé sibh ag caint faoi dhuine éigin a rinne drochrud faoi mar nár dhuine agaibh féin é, ach strainséir a chuir isteach ar bhur saol.

Ach deirimse libh nach bhfuil an duine beannaithe fíréanta in ann dul níos faide suas ná an té is airde eadraibhse,

Ar an dul céanna, níl an drochdhuine ná an duine lag in ann dul níos faide síos ná an té is ísle eadraibh.

Agus faoi mar nach n-iompaíonn oiread is duilleog amháin buí gan a fhios go ciúin don chrann iomlán,

42

Níl an t-aimhleastóir in ann drochrud a dhéanamh gan cead a fháil uaibhse go léir faoi choim.

Ar nós mórshiúil, siúlann sibh go léir le chéile i dtreo an dia-fhéin.

Sibhse an tslí agus sibhse na taistealaithe.

Agus nuair a thiteann duine agaibh titeann ar son a bhfuil ag teacht ina dhiaidh, foláireamh á thabhairt aige faoin gcloch thuisle.

Sea, agus titeann sé dóibh siúd atá chun tosaigh air mar bíodh is go bhfuil siad níos sciobtha agus níos cosdaingne ná é, níor bhaineadar an chloch thuisle den bhóthar.

Agus é seo leis, cé gur trom ar bhur gcroí é an focal:

Níl an té a mharaítear neamhfhreagrach as a bhás féin,

Agus an té a robáiltear, ní saor ó locht é as a bheith robáilte.

Níl an duine fíréanta neamhchiontach as gníomhartha na ndrochdhaoine,

Agus an duine neamhchiontach, bhí lámh aige i ngníomhartha an mheirligh.

Sea, is minic an duine ciontach mar íobartach ag an té a ndearnadh éagóir air,

Agus níos minice fós, iompraíonn an té atá daortha an t-ualach thar ceann na ndaoine sin atá neamhchiontach is gan aon ní curtha ina leith.

Ní féidir an duine cóir agus an duine éagórach, an dea-dhuine is an drochdhuine a scaradh óna chéile;

Mar seasann siad le chéile os comhair aghaidh na gréine, faoi mar a chomh-fhitear an snáth bán is an snáth dubh.

Má bhriseann an snáth dubh, féachfaidh an fíodóir ar an éadach ar fad, agus scrúdóidh sé an seol chomh maith.

Má tá éinne agaibh a cháinfeadh an bhean chéile mhídhílis,

Cuireadh sé croí an fhir ar na scálaí leis, agus a anam a thomhas.

Agus an té a lascfadh an ciontóir, féach ar spiorad an té a maslaíodh.

Agus má tá éinne agaibh a ghearrfadh pionós ar dhuine eile in ainm na fíréan-tachta agus crann an oilc a leagan le tua, féachadh sé ar na fréamhacha;

Agus go deimhin tiocfaidh sé ar dhea-fhréamhacha agus ar dhroch-fhréamhacha, fite fuaite ina chéile i gcroí ciúin na hithreach, torthúil agus neamhthorthúil araon.

Agus a bhreithiúna atá ag iarraidh a bheith cóir:

Cén breithiúnas a thabharfadh sibh ar an té atá macánta ar an taobh amuigh ach ar gadaí ina chroí istigh é?

Cén pionós a ghearrfadh sibh ar an té ar marfóir colainne é ach ar maraíodh a spiorad féin?

Agus conas duine a chúiseamh ar cluanaire agus tíoránach i ngníomh é,

Ach atá éagóirithe agus spréachta é féin?

Agus cén pionós a ghearrfadh sibh ar an té ar mó a dhoilíos ná a ainghníomhartha?

Nach é is doilíos ann ná an ceart a riarann an dlí sin a seasann sibh leis?

Ach ní féidir doilíos a bhrú ar an té atá neamhchiontach ná é a bhaint de chroí an té atá ciontach.

Tagann sé istoíche, gan glaoch air, i dtreo is go mbeadh an duine in ann dúiseacht agus breathnú air féin.

Agus sibhse ar mhaith libh tuiscint a fháil don cheart, conas is féidir sin a dhéanamh gan lánléargas a fháil ar gach gníomh?

45

Ní go dtí sin a thuigfear gurb é an t-aon fhear ina sheasamh sa chontráth é an fear a thit agus an fear nár thit, an contráth sin atá idir oíche a phigmí-fhéin agus lá a dhia-fhéin.

Agus ní airde cloch choirnéil an teampaill ná an chloch is ísle dá bhunsraith.

Arsa dlíodóir ansin, Ach cad faoinár nDlíthe, a mháistir?

Agus d'fhreagair sé:

Is aoibhinn libh dlíthe a leagan síos.

Ach is aoibhne fós libh iad a bhriseadh.

Ar nós páistí cois trá a thógann caisleáin ghainimh go dúthrachtach agus a leagann ansin iad le scairteadh gáire.

Ach le linn daoibh a bheith ag tógáil bhur dtúr gainimh, tugann an t-aigéan a thuilleadh gainimh chugaibh,

Agus nuair a leagann sibh iad, bíonn an t-aigéan ag gáire in bhur dteannta.

Go deimhin, gáireann an t-aigéan i gcónaí i dteannta na ndaoine soineanta.

Ach cad fúthu sin nach aigéan dóibh an saol, agus nach túir ghainimh iad na dlíthe a dhéanann daoine,

47

Ach ar carraig dóibh an saol, agus an dlí ina shiséal lena gearradh ina gcosúlacht féin?

Cad faoin gcraplachán ar fuath leis damhsóirí?

Cad faoin damh ar geal leis a chuing agus nach bhfuil san eilc agus san fhia dar leis ach fánaithe baotha na foraoise?

Cad faoin tsean-nathair nach bhfuil in ann a craiceann a sceitheadh, agus a thugann nocht gan náire ar a comh-nathair?

Nó an té a thagann go luath chuig an mbainis, agus nuair a bheidh a sháith ite aige agus é ag éirí tuirseach bailíonn sé leis agus féastaí á gcáineadh aige agus é ag fógairt lucht féasta a bheith ag briseadh an dlí?

Cad is féidir a rá fúthusan ach go seasann siadsan leis faoi sholas na gréine, ach a ndroim leis an ngrian acu?

Ní fheiceann siad ach a gcuid scáileanna féin, agus is dlíthe acu iad na scáileanna sin.

Agus níl sa ghrian dóibh ach caiteoir scáileanna.

Agus cad is ea na dlíthe sin a aithint ach cromadh síos agus scáileanna ar an talamh a rianú?

Tusa a shiúlann agus d'aghaidh ar an ngrian, cé na híomhánna atá tarraingthe ar an talamh a choinneodh thú?

Tusa a thaistealaíonn leis an ngaoth, cén coileach gaoithe a threoródh ar do chúrsa thú?

Cén dlí de chuid an duine a cheanglódh thú dá mbrisfeá do chuing ach ní ar dhoras cillín duine ar bith?

Cad iad na dlíthe a scanródh thú má dhamhsaíonn tú agus gan slabhraí iarainn éinne tuisle a bhaint asat?

Agus cé a dhéanfaidh breithiúnas ort má stróiceann tú d'éadach uait féin ach gan é a fhágáil ar chonair éinne?

A phobal Orfailíse, is féidir an druma a mhúchadh, agus na sreanga ar an lir a scaoileadh, ach cé a ordóidh don fhuiseog spéire gan cantain a dhéanamh?

Agus arsa óráidí, Labhair linn faoin tSaoirse.

Agus d'fhreagair sé:

Ag geata na cathrach agus cois tinteáin, tá sibh feicthe agam agus sibh ag sléachtadh chun bhur saoirse féin a adhradh.

Ar nós sclábhaithe á n-ísliú féin roimh thíoránach agus á mholadh is é ar tí iad a mharú.

Sea go deimhin, i ngarrán an teampaill agus faoi scáth an daingin tá an dream is saoire eadraibh feicthe agam agus an tsaoirse á caitheamh agaibh mar chuing nó mar dhornasc.

Agus thosnaigh an croí istigh ionam ag cur fola; mar ní féidir a bheith saor go dtí go mbeadh an dúil atá sa tsaoirse agat ina cuing ort, go dtí nach mbeadh aon chaint ar shaoirse a bhaint amach ná í a bheith mar sprioc agat.

Beidh tú saor is cinnte nuair nach gan imní a bheidh do chuid laethanta agus nach

50

gan dobrón is easnaimh a bheidh do chuid oícheanta,

Ach nuair a bheidh na nithe sin timpeall ort i gcónaí ach tú ag éirí ar a shon san os a gcionn, nocht gan cheangal.

Agus conas a tharchéimneoidh tú do chuid laethanta is oícheanta gan na slabhraí sin a bhriseadh, na slabhraí atá ceangailte thart ar an nóin agat ón uair a tháinig do thuiscint chugat ar dtús?

Is é fírinne an scéil ná gurb é an slabhra is láidre ar fad de na slabhraí sin an ní a dtugann tusa saoirse air, cé go mbíonn na lúba ann ag lonrú faoin ngréin agus go ndallann siad do shúile.

Agus cad eile a bheadh ann ach blogh-anna díot féin a chaithfeá díot le go mbeifeá saor?

Más dlí éagórach is mian leat a chur ar ceal, is í do lámh féin a dhréacht an dlí sin ar do chlár éadain féin.

Ní féidir é a ghlanadh trí na leabhair dlí a dhó ná clár éadain na mbreithiúna a ní, fiú dá ndoirtfeá an fharraige go léir orthu.

Agus más forlámhaí a chuirfeá ó choróin, féach i dtosach gur scriosadh an ríchathaoir atá aige ionat féin.

51

Mar conas d'fhéadfadh tíoránach dream saor mórtasach a rialú, mura mbeadh an tíorántacht trína gcuid saoirse féin agus náire tríd an mórtas acu?

Agus más cúram é le caitheamh díot, is tú féin a roghnaigh an cúram sin, ní hé gur leagadh ort é.

Agus más eagla é a ruaigfeá, is i do chroíse atá fréamh na heagla sin agus ní i lámh an té a bhfuil eagla ort roimhe.

Go dearfa, bogann an uile ní ionat féin mar leath-bharróg leanúnach, an rud a shantaíonn tú is an rud a scanraíonn tú, an rud is gráin leat, an rud is aoibhinn leat, an rud a bhfuil tú sa tóir air agus an rud a bhfuil tú ag teitheadh uaidh.

Bogann na nithe sin ionat mar shoilse agus mar scáileanna i bpéirí atá dlúite lena chéile.

Agus nuair a éagann an scáth agus nuair nach ann di níos mó, déantar scáil ar sholas eile den solas a mhoillíonn.

Agus ansin, an tsaoirse a chailleann a cuing is cuing í féin ar shaoirse eile atá níos mó fós.

Agus labhair an bansagart arís agus ar sise: Labhair linn faoin Réasún agus Paisean.

Agus d'fhreagair sé, á rá:

Is minic d'anam ina láthair chatha, ar a mbíonn an réasún agus an tuiscint ag fearadh cogaidh in aghaidh do phaisin is do ghoile.

Ba bhreá liom a bheith im' cheann réitigh in bhur n-anam, i dtreo is go n-athróinn an t-easaontas is an iomaíocht sin atá idir na gnéithe ar fad ina n-aontacht agus ina séis.

Ach conas a dhéanfainn é sin mura mbeadh sibhse mar cheann réitigh chomh maith, agus—go deimhin—grá a bheith agaibh do na gnéithe éagsúla sin go léir?

An réasún agus an paisean, sin iad stiúir agus seolta anam an loingseora ionat.

Dá mbeadh an stiúir nó na seolta briste, is ag preabadach a bheifeá, ar fán, nó i do stad ar fad i lár na farraige móire.

53

Mar is fórsa cuingithe é an réasún nuair a rialaíonn sé leis féin; agus an paisean, mura mbítear aireach, is lasair í a dhófaidh chun a scriosta.

Mar sin lig do d'anam an réasún a mholadh go hairde an phaisin, chun go gcanfadh sé;

Agus lig dó do phaisean a rialú le réasún, i dtreo is go mairfeadh an paisean trína aiséirí laethúil, agus dála an fhéinics éirí lastuas dá luaithreach féin.

Féach ar do thuiscint is ar do ghoile mar bheirt aíonna ionúine sa tigh agat.

Ní thabharfá onóir sa bhreis do dhuine acu, an dtabharfá; mar dá dtabharfá fabhar do dhuine acu chaillfeá grá agus muinín na beirte acu.

I measc na gcnoc, in bhur suí faoi scáil fhionnuar na bpoibleog bán, sáimhe na ngort is na móinéar i gcéin á roinnt agaibh—ligigí do bhur gcroí a rá go ciúin, "Luíonn Dia agus glacann scíth sa réasún."

Agus nuair a thagann an stoirm, agus nuair a bhaineann an ghaoth thréan croitheadh as an bhforaois, agus nuair a fhógraíonn tintreach agus toirneach mórgacht na spéire, lig do do chroí a rá faoi iontas, "Sa phaisean a ghluaiseann Dia."

Agus tarlaíonn gur anáil thú i sféar Dé, agus duilleog i bhforaois Dé, ba chóir duitse chomh maith scíth a ghlacadh sa tuiscint agus gluaiseacht sa phaisean.

Agus labhair bean, agus ar sise, Labhair linn faoin bPian.

Agus ar seisean:

Is é atá sa phian ná an bhlaosc atá timpeall ar do thuiscint á briseadh.

Faoi mar a chaithfidh an chloch sa toradh briseadh, chun go seasfadh a chroí faoin ngréin, ní mór duit pian a bhrath.

Agus dá mbeadh do chroí faoi shíor-iontas ag míorúiltí laethúla na beatha, níor lú mar iontas a bheadh sa phian ná sa lúcháir.

Agus ghlacfá le séasúir an chroí, faoi mar a ghlac tú riamh leis na séasúir a ghabhann thar na goirt.

Agus d'fhéachfá gan chorrabhuais ar gheimhrí do bhuartha.

∴

Tú féin a roghnaíonn duit féin go leor de do chrá.

Íocshláinte ghoirt is ea é a bhronnann an lia atá ionat ort féin chun do ghalar a leigheas.

Mar sin, bíodh muinín agat as an lia sin, agus ól an cógas uaidh go ciúin séimh.

Más trom crua a lámh, tá lámh mhín dhofheicthe á treorú,

Agus an corn a thugann sé leis, fiú má dhónn sé do bheola, múnlaíodh as an gcré sin é a ndearna an Potaire tais é lena dheora beannaithe féin.

Agus arsa duine éigin ansin, Labhair linn faoin bhFéin-Eolas.

Agus d'fhreagair sé, á rá:

Tá rúin na laethanta agus na n-oícheanta ar eolas ag bhur gcroí féin sa chiúnas.

Ach tá bhur gcluasa ag tnúth le fuaim an eolais sin atá ag an gcroí.

Ba mhaith libh focail a chur ar an méid atá ar eolas cheana ag an aigne.

Ba mhaith libh méar a leagan ar cholainn nocht na mbrionglóidí.

Agus níor mhiste sin in aon chor.

Ní mór d'uiscí thobar rúnda an anama rith is iad ag monabhar chun na farraige;

Agus ba mhaith leat go nochtfaí os comhair do dhá shúl ciste síoraí d'anama.

Ach ná bíodh scálaí ann chun an ciste aineoil a mheá;

Agus ná tomhais doimhneacht do chuid eolais le maide ná le luaidhe ghrúntála.

Farraige gan teorainn nach féidir a thomhas is ea an féin.

Ná habair, "Tá an fhírinne aimsithe agam," ach ina áit sin, "Tá fírinne aimsithe agam."

Ná habair, "Tá conair an anama aimsithe agam." Ina áit abair, "Casadh an t-anam orm is é ag siúl ar mo chonairse."

Mar siúlann an t-anam ar gach conair dá bhfuil ann.

Ní ar líne a shiúlann an t-anam, ná ní fhásann sé mar ghiolcach.

Osclaíonn an t-anam é féin, mar loiteog na bpeiteal gan áireamh.

Arsa oide ansin, Labhair linn faoin Teagasc.

Agus ar seisean:

Níl éinne in ann aon ní a mhúineadh duit nach bhfuil leath fá shuan cheana féin i mbreacadh lae do chuid eolais.

An t-oide a shiúlann faoi scáth an teampaill, i measc a lucht leanúna, ní hé a chuid gaoise atá á roinnt aige ach a chreideamh agus a ghrámhaireacht.

Más duine gaoiseach é ní thugann sé cuireadh duit chun teacht isteach i dteach a chuid gaoise, ach tugann sé chuig tairseach d'aigne féin thú.

D'fhéadfadh an réalteolaí labhairt leat faoin tuiscint atá aige don spás, ach níl sé in ann iomlán a thuisceana a bhronnadh ort.

D'fhéadfadh an ceoltóir canadh duit faoin rithim atá i ngach spás, ach níl sé in ann cluas a bhronnadh ort a ghabhann an rithim sin, ná an guth atá ina mhacalla ar an rithim sin.

Agus an té a bhfuil cur amach aige ar eolaíocht na n-uimhreacha tá sé in ann insint duit faoin limistéar meáchain agus tomhais, ach níl sé in ann tú a thabhairt ann.

Mar níl fís duine amháin in ann sciatháin a thabhairt ar iasacht don duine eile.

Agus cé go seasann gach duine leis féin in eolas Dé, ní mór do gach duine a bheith leis féin san eolas atá aige ar Dhia agus an tuiscint atá aige don saol.

Arsa ógánach, Labhair linn faoin gCairdeas.

Agus d'fhreagair sé, á rá:

Freastal ar riachtanas is ea cairdeas.

Is gort é do chara, cuirtear síol sa ghort sin le grá agus baintear an fómhar go buíoch.

Agus is lóistín duit é agus tinteán.

Mar téann tú chuige agus ocras ort, agus lorgaíonn tú síth ina theannta.

Nuair a nochtann do chara a chroí, níl eagla ort roimh "ní hea" a rá i d'aigne féin, agus ní choinníonn tú "is ea" uaidh.

Agus nuair a bhíonn sé faoi thost ní stopann do chroí de bheith ag éisteacht lena chroí san;

Mar, gan focal a rá, saolaítear agus roinntear gach smaoineamh, gach mian, gach tnúth sa chairdeas, le háthas nach bhfógraítear.

Ní chaoineann tú nuair a scarann tú le cara;

Mar an ní is mó ann a dtugann tú grá dó, d'fhéadfadh gur soiléire duit é ina éagmais, faoi mar is léire an sliabh ón machaire i súile an dreapadóra.

Agus ná bíodh cuspóir ar bith ag an gcairdeas ach neartú an spioraid.

Mar an grá nach bhfuil uaidh ach a mhistéir féin a nochtadh, ní grá ar bith é ach líon a theilgtear: ní cheaptar aon ní luachmhar ann.

Tabhair an chuid is fearr díot féin do do charasa.

Agus má chuireann sé eolas ar do lagtrá, cuireadh sé eolas, leis, ar do rabharta.

Mar cad is cara ann mura bhfuil uaibh ach an aimsir a mheilt i dteannta a chéile?

Bíodh do chara uait chun an aimsir a chomhlánú.

Chun riachtanas leat a chomhlánú atá sé, ní chun d'fholús a líonadh.

Agus i milseacht an chairdis bíodh an gáire ann agus roinntear pléisiúir eadraibh.

I ndrúcht na mion-nithe a aimsíonn an croí an mhaidin agus a athnuachan.

Arsa scoláire ansin, Labhair linn faoin gCaint.

Agus d'fhreagair sé, á rá:

Labhraíonn tú nuair nach séimh ionat féin le do chuid smaointe níos mó thú;

Agus nuair nach féidir leat cónaí níos mó in uaigneas do chroí, maireann tú sna beola, agus tá spórt agus caitheamh aimsire sa ghlór.

Agus in an-chuid cainte, leath-mharaítear an smaointeoireacht.

Éan spáis is ea an smaointeoireacht, agus é teanntaithe i gcás focal d'fhéadfadh sé a chuid sciathán a oscailt ach ní thig leis eitilt.

Tá daoine in bhur measc a théann sa tóir ar chabaireacht toisc eagla a bheith oraibh roimh an uaigneas.

Nochtann tost an uaignis fís den duine is é nocht agus b'fhearr leo éalú ón bhfís sin.

Agus tá daoine ann a bhíonn ag caint, agus gan eolas na réamhsmaoineamh, nochtann siad fírinne nach dtuigeann siad féin.

Agus tá daoine ann a bhfuil an fhírinne iontu, ach ní leis an bhfocal a nochtann siad í.

Daoine den sórt sin, tá an spiorad ina n-ucht, i gciúnas rithimeach.

Má chastar do chara ort ar thaobh an bhóthair, nó i lár an aonaigh, lig don spiorad ionat do bheola a bhogadh is do theanga a stiúradh.

Lig don ghuth laistigh de do ghuthsa labhairt leis an gcluas atá ina chluas san;

Mar coinneoidh a anam siúd fírinne do chroíse faoi mar a chuimhnítear ar bhlas an fhíona.

Nuair a dhearmadtar an dath agus nach bhfuil ann níos mó don soitheach.

Agus arsa réalteolaí, a Mháistir, cad faoin Am?

Agus d'fhreagair sé:

Ba mhaith leat an t-am atá dothomhaiste a thomhas.

D'iompar a athrú agus cúrsa do spioraid a stiúradh de réir uaireanta agus séasúr.

Ba mhaith leat sruth a dhéanamh den am, bualadh fút ar an mbruach, suí ansin agus breathnú ar an sruth ag rith.

Ach tá rud ionatsa atá lasmuigh d'am agus aithníonn sé buaine is neamhbhuaine,

Agus nach bhfuil sa lá inné ach cuimhne an lae inniu agus brionglóid an lae inniu is ea an lá amárach.

Agus an ní a chanann ionat agus a mhachnaíonn ionat tá sé fós laistigh de theorainneacha an nóiméid sin nuair a scaipeadh na réaltaí ar fud na bhfud an chéad lá riamh.

Cé in bhur measc nach mbraitheann go bhfuil cumas ann chun grá a léiriú, cumas gan teorainn?

Mar sin féin cé nach mbraitheann an grá sin féin, bíodh is gur gan teorainn atá sé, agus é cuimsithe ina lár, agus nach mbogann ó smaoineamh an ghrá go smaoineamh eile an ghrá, ná gníomh grá go gníomhartha eile grá?

Agus nach bhfuil an t-am ar nós an ghrá, neamhroinnte agus gan luas.

Ach má chaithfidh d'aigne an t-am a thomhas ina shéasúir, timpeallaíodh gach séasúr an uile shéasúr eile,

Agus lig don lá inniu barróg a bhreith ar an am atá caite leis an gcuimhne agus an t-am atá le teacht leis an tnúthán.

Agus arsa duine de shaoithe na cathrach,
Labhair linn faoin Maith is faoin Olc.

Is d'fhreagair sé:
Faoin maith atá ionat d'fhéadfainn
labhairt ach ní faoin olc.

Mar níl san olc ach an mhaith is í céasta
ag a hocras is ag a tart féin.

Go deimhin, má tá ocras ar an maith,
lorgóidh sí bia fiú i bpluaiseanna dorcha,
agus má tá tart uirthi ólfaidh sí marbhuisce.

Is é is maith ann ná a bheith aontaithe
leat féin.

Ach ní olc atá tú mura bhfuil tú aontaithe
leat féin.

Mar ní uaimh ladrann é an teach atá
scoilte; níl ann ach teach atá scoilte.

Agus d'fhéadfadh long gan stiúir a bheith
ag imeacht léi ar fán i measc sceirí
dainséaracha agus gan dul go tóin poill.

Tabhairt uait féin, is maith sin.

Ní holc atá tú nuair is mian leat gnóthú duit féin.

Mar nuair is ag gnóthú duit féin atá tú is geall le fréamh thú a chloíonn leis an ithir agus a brollach a dhiúl.

Is cinnte nach bhfuil an toradh in ann a rá leis an bhfréamh, "Bí mar atáimse, aibí lán is ag tabhairt uaim i gcónaí."

Riachtanas is ea é ag an toradh a bheith ag tabhairt uaidh, agus riachtanas na fréimhe is ea glacadh.

Bheith lánairdeallach agus tú ag caint, is maith.

Ach ní holc atá tú agus tú i do chodladh agus do theanga ar strae uait.

D'fhéadfadh caint bhriotach an teanga lag a neartú fiú amháin.

Is maith nuair a shiúlann tú go cosdaingean i dtreo do sprice le coiscéimeanna misniúla.

Ach ní holc atá tú agus tú ag dul ann ag bacadaíl.

Fiú lucht bacadaíola ní ag dul ar gcúl a bhíonn siad.

Sibhse atá lúfar mear, áfach, ná bígí ag bacadaíl os comhair lucht bacadaíola ar mhaithe le cineáltas.

Is maith sibh ar go leor leor bealaí, agus ní holc atá sibh nuair nach go maith atá sibh,
Díreach ag seilmideáil is ag moilleadóir-eacht.
Nach trua nach dtig leis an gcarria luas a mhúineadh don turtar.

Ag tnúth leis an bhféin ollmhór atá tú agus is ansin atá an mhaith ionat: agus tá an tnúth sin ionaibh go léir.

Ach i gcuid agaibh tá an tnúth sin ina chaise ag rith le fórsa chun na farraige, rúin na gcnoc agus amhráin na foraoise á n-iompar aici.

Agus i ndaoine eile is sruthán réidh é a théann amú i gcora agus i gcastaí a mhoillíonn sula mbaineann amach an trá.

Ach an té atá ag tnúth go mór, ná habradh sé leis an té ar beag a thnúth, "Cén mhoill atá ort?"

Mar an té a bhfuil maitheas ann dáiríre, ní fhiafródh sé den nocht, "Cá bhfuil d'éadach uait?" ná den té atá gan dídean, "Cad a tharla do d'áitreabhsa?"

Arsa bansagart ansin, Labhair linn faoin bPaidreoireacht.

Agus d'fhreagair sé í, á rá:

Bíonn sibh ag guí nuair a bhíonn corrabhuais oraibh nó nuair a bhíonn rud éigin uaibh; nár bhreá é dá nguífeadh sibh as linn lán bhur lúcháire agus laethanta bhur bhflúirse.

Mar cad atá sa phaidreoireacht ach sibh ag leathnú amach san éitear beo.

Agus más sólás daoibh é bhur ndorchadas a dhoirteadh amach sa spás, is lúcháir daoibh leis camhaoir bhur gcroí a dhoirteadh uaibh.

Agus mura bhfuil sibh in ann aon ní eile a dhéanamh ach caoineadh nuair a ghlaonn bhur n-anam chun urnaí sibh, ba chóir go spreagfadh sé sibh arís is arís eile, cé gur ag caoineadh atá sé, chun go dtiocfadh sibh chun urnaí agus sibh ag gáire.

Nuair a bhíonn sibh ag guí, éiríonn sibh agus buaileann sibh san aer leo siúd atá ag guí ag an nóiméad sin, agus nach mbuailfeadh sibh leo ach le linn urnaí.

Mar sin ná tugaigí cuairt ar an teampall dofheicthe ach chun eacstaise amháin agus dea-chomhluadair.

Mar mura bhfuil de chuspóir agaibh agus cuairt á tabhairt ar an teampall agaibh ach iarratais a dhéanamh, ní bhfaighidh sibh faic.

Agus má théann sibh ann chun sibh féin a ísliú ní ardófar sibh:

Agus ní éistfear libh fiú má théann sibh ann chun impí a dhéanamh ar mhaithe le daoine eile.

Is leor dul chun an teampaill agus sibh dofheicthe.

Ní fhéadfainnse múineadh daoibh conas paidir a rá i bhfocail.

Ní éisteann Dia le bhur mbriathra ach amháin nuair is É Féin atá á rá Aige trí bhur mbeola.

Agus nílimse in ann paidir na bhfarraigí ná paidir na bhforaoisí a mhúineadh daoibh ná paidir na sléibhte.

Sibhse a saolaíodh i measc na sléibhte is na bhforaoisí is na bhfarraigí, gheobhaidh sibhse a bpaidir san in bhur gcroí féin,

Agus má thugann sibh cluas dóibh i gciúnas na hoíche cloisfidh sibh iad á rá i lár an tosta:

"A Dhia linn, ar tú ár bhféin ar eite, is í do thoilse ionainn atá ag oibriú.

Is é do thnúthsa ionainn atá ag tnúth.

Is iad do mhianta ionainn a d'iompódh ár n-oícheanta, ar leatsa iad, ina laethanta ar leatsa leis iad.

Ní thig linn aon ní a iarraidh ort, mar is eol duit ár gcuid riachtanas sula mbíonn siad ann in aon chor:

Is tusa ár riachtanas; agus nuair a thugann tú níos mó díot féin dúinn, tugann tú gach aon ní dúinn."

Díthreabhach a thugadh cuairt ar an gcathair uair in aghaidh na bliana, tháinig sé chun cinn agus ar seisean, Labhair linn faoin bPléisiúr.

Agus d'fhreagair sé, á rá:
Amhrán na saoirse, sin is pléisiúr ann,
Ach ní saoirse é.
Bláth bhur gcuid mianta is ea é,
Ach ní hé toradh bhur gcuid mianta é.
Doimhneacht atá ann atá ag freagairt d'airde,
Ach ní domhain ná ard atá sé.
Éan ar eite, éan a bhí i gcás, is ea é,
Ach ní spás cuimsithe é.
Sea go deimhin, amhrán na saoirse é an pléisiúr.

Agus ba bhreá liom dá gcanfadh sibh é le croí lán; ach níor mhaith liom dá gcaillfeadh sibh bhur gcroí sa chantaireacht.

Cuid den chleas óg, lorgaíonn siad an pléisiúr faoi mar ba é gach rud é, agus déantar breithiúnas orthu agus cáintear iad.

Ní dhéanfainnse breithiúnas orthu ná ní cháinfinn iad. Ba mhaith liom a fheiceáil i mbun tóraíochta iad.

Tiocfaidh siad ar an bpléisiúr ach ní leis féin;

Tá seachtar deirfiúracha ag an bpléisiúr agus an duine is lú orthu níos áille ná pléisiúr.

Nár chuala sibh faoin bhfear a bhí ag tochailt fréamhacha is gur tháinig sé ar chiste?

Agus cuimhníonn cuid den chleas críonna ar phléisiúir agus cathú orthu faoi mar ba éagóir a dheineadar le linn dóibh a bheith ar meisce é.

Scamall ar an aigne é an cathú, seachas smachtú.

Ba chóir dóibh smaoineamh ar a gcuid pléisiúr le buíochas mar a smaoineofá ar an bhfómhar a tugadh isteach i ndeireadh an tsamhraidh.

Ach más sólás dóibh é an cathú, bíodh cathú orthu.

Agus in bhur measc tá daoine nach daoine óga iad a dhéanfadh tóraíocht ná seandaoine a mbeadh cuimhní acu;

Agus toisc eagla a bheith orthu tóraíocht a dhéanamh nó cuimhní a bheith acu, seachnaíonn siad gach pléisiúr, ar eagla dearmad a dhéanamh ar an spiorad, nó an spiorad a mhaslú.

Ach is pléisiúr dóibh é an pléisiúr a sheachaint.

Mar sin, tagann siadsan, leis, ar chiste cé go dtochlaíonn siad fréamhacha agus crith ar a lámha.

Ach abair liom, cé atá in ann an spiorad a mhaslú?

An bhfuil an filiméala in ann ciúnas na hoíche a mhaslú, nó an maslódh na lampróga na réaltaí?

Agus an ualach ar an ngaoth atá sna lasracha nó sa deatach uaibhse?

An dóigh libh gur linn lán é an spiorad is féidir a chorraí le maide?

Is minic agus pléisiúr á shéanadh agaibh nach bhfuil ar siúl agaibh ach na mianta sin a stóráil i gcúl bhur n-aigne.

Cá bhfios ná go bhfuil an rud atá á sheachaint inniu agaibh ag tnúth leis an lá amárach?

Tuigeann fiú bhur gcolainn a dúchas agus a riachtanas dlisteanach agus ní chuirfear dallamullóg uirthi.

Agus is cláirseach d'anama í do cholainn,

Agus is leatsa í chun séis a chruthú nó glór garg.

Agus fiafraíonn sibh díbh féin in bhur gcroí, "Conas a aithneoimid an mhaith sa phléisiúr thar an rud nach bhfuil go maith?"

Téigí go dtí bhur ngort is bhur ngairdíní, agus beidh a fhios agaibh gurb é pléisiúr na mbeach é mil a bhailiú ón mbláth,

Ach is é pléisiúr an bhlátha leis é a chuid meala a thál ar an mbeach.

Foinse na beatha é an bláth, dar leis an mbeach,

Teachtaire an ghrá í an bheach, dar leis an mbláth.

Agus dóibh araon, beach is bláth, riachtanas agus eacstais is ea é pléisiúr a thabhairt uathu agus pléisiúr a ghlacadh.

A phobal Orfailíse, bígí in bhur bpléisiúr ar nós na mbeach is na mbláthanna.

Agus arsa file, Labhair linn faoin Áilleacht.

Agus d'fhreagair sé:

Cá lorgóidh tú an áilleacht, agus conas a thiocfá uirthi murab í do chonairse agus do theoraí í?

Agus conas a labhrófá léi murab í fíodóir d'urlabhra í?

Iad siúd atá éagóirithe is gortaithe, deir siad, "Caoin cneasta cineálta atá an áilleacht.

Siúlann sí inár measc mar mháthair óg agus a glóir féin leath-cheilte aici orainn."

Agus an dream paiseanta díocasach, deir siad, "Ní hea, tá cumhacht is uamhan laistiar den áilleacht.

Ar nós spéirlinge, baineann sí croitheadh as an talamh atá fúinn agus as an spéir os ár gcionn."

∵

Iad siúd atá tuirseach traochta tnáite, deir siad, "De chogar bog í an áilleacht. Inár spioradna a labhrann sí.

Géilleann a guth dár dtostanna mar léas faon a bheadh ar crith le heagla roimh an scáil."

Ach deir an dream suaite, "Chualamar í ag scairteadh sna sléibhte,

Agus trína héamh ba chlos tormán na gcrúb, greadadh sciathán agus búir na leon."

Istoíche, is é a deir fairtheoirí na cathrach, "Éireoidh an áilleacht leis an gcamhaoir sa domhan thoir."

Agus um nóin is é a deir na sclábhaithe is na fánaithe, "Tá sí feicthe againn ó fhuinneoga luí na gréine agus í cromtha os cionn an domhain."

Sa gheimhreadh, is é a déarfaidh an dream atá sáinnithe ag an sneachta, "Tiocfaidh sí i dteannta an earraigh is í ag pocléimneach ar na cnoic."

Agus i lár bhrothall an tsamhraidh is é a déarfaidh na buainteoirí, "Tá sí feicthe againn is í ag damhsa le duilleoga an fhómhair, agus chonaiceamar dlaoi sneachta ina cuid gruaige."

Tá na nithe sin go léir ráite agaibh i dtaobh na háilleachta,

Ach, go deimhin, ní fúithi a bhí sibh ag caint ach faoi riachtanais nár sásaíodh,

Agus ní riachtanas atá san áilleacht ach eacstais.

Ní béal í a bhfuil tart uirthi ná lámh fholamh atá sínte amach,

Ach croí trí thine agus anam faoi dhraíocht.

Ní íomhá í a chífeadh sibh ná amhrán a chloisfeadh sibh,

Ach íomhá a fheictear fiú má dhúnann sibh na súile, agus amhrán a chloistear fiú má dhúntar na cluasa.

Ní sú sa choirt eitreach í, ná sciathán atá ceangailte de chrobh,

Ach gairdín atá de shíor faoi bhláth agus ealta aingeal de shíor ag eitilt.

A phobal Orfailíse, is é is áilleacht ann ná an bheatha nuair a bhaineann an bheatha an chaille dá gnúis bheannaithe.

Ach is sibhse an bheatha is an chaille araon.

81

Is é is áilleacht ann ná an tsíoraíocht agus í ag breathnú uirthi féin i scáthán.

Ach is sibhse an tsíoraíocht agus is sibhse an scáthán.

Agus arsa seansagart, Labhair linn faoi Reiligiún.

Is ar seisean:

An raibh aon ní eile ach é faoi chaibidil inniu agam?

Nach é atá sa reiligiún gach gníomh agus gach machnamh a dhéantar,

Agus an ní nach gníomh ná machnamh é, ach iontas san anam, preab a bhaintear asainn de shíor, fiú agus cloch á snoí againn nó éadach á fhí?

Cé atá in ann a chreideamh a scaradh óna ghníomh nó óna chuid oibre?

Cé atá in ann a chuid uaireanta a leathadh roimhe agus a rá, "Do Dhia é seo agus dom féin é siúd;

Do m'anam é seo agus dom cholainn é siúd?"

Is sciatháin iad do chuid uaireanta go léir agus iad ag greadadh trí spás ó fhéin go féin.

An té a chaitheann a chuid moráltachta
mar chulaith Dhomhnaigh amháin, b'fhearr
dá mbeadh sé gan luid.

Ní stróicfear poill ina chraiceann ag
gaoth ná báisteach.

Agus an té a shainmhíníonn a iompar de
réir eitice, cuireann a éan ceoil i gcás.

Ní trí bharraí iarainn ná sreanga a
thagann an t-amhrán atá saor.

Agus an té ar fuinneog dó é an
t-adhradh, le hoscailt agus le dúnadh freisin,
níl cuairt tugtha aige fós ar theach a anama
agus na fuinneoga ann ó chamhaoir go a
chéile.

Is é do ghnáthshaol laethúil do theam-
pallsa agus do reiligiúnsa.

Nuair a théann tú isteach ann, tabhair
leat a bhfuil ionat go léir.

Beir leat céachta is ceárta, máilléad is
liúit,

Nithe a mhúnlaigh tú mar riachtanas nó
mar aiteas.

Mar san aislingiú, ní thig leat éirí os cionn
a bhfuil bainte amach agat ná titim níos ísle
ná nuair a chlis ort.

Agus beir leat gach neach ar domhan:

Mar san adhradh, ní thig leat eitilt níos airde ná a ndóchas san ná tú féin a ísliú níos ísle ná a n-éadóchas.

Agus más mian leat eolas a chur ar Dhia, ná tabhair faoi dhúcheisteanna a réiteach.
Ina áit sin, féach thart ort agus feicfidh tú É agus É ag spraoi le do chuid leanaí.
Agus féach amach sa spás; feicfidh tú É agus É ag siúl i measc na néalta, A lámha sínte amach Aige sa tintreach agus á n-ísliú Aige sa bháisteach.
Feicfidh tú A gháire i mbláthanna, ansin seasfaidh Sé agus sméidfidh Sé A lámha sna crainn.

Labhair Almitra ansin, á rá, Ba mhaith linn fiafraí díot anois faoin mBás.

Agus ar sé:

Ba mhaith leat rún an bháis a bheith ar eolas agat.

Ach cá bhfaighfeá é mura lorgófá i gcroí na beatha é?

Ulchabhán na súl oíche, dall ar an lá atá sé, ní thig leis mistéir an tsolais a thuiscint.

Más mian leat spiorad an bháis a fheiceáil, glacadh do chroí go hoscailte le colainn na beatha.

Mar is ionann an bheatha agus an bás faoi mar is ionann an abhainn agus an mhuir.

I nduibheagán do dhóchais agus do mhianta atá d'eolas rúnda ar an alltar;

Agus ar nós síolta ag brionglóideach agus iad faoi shneachta, tá do chroíse ag brionglóideach faoin earrach.

Bíodh muinín agat as do chuid briong-
lóidí, mar tá geata na síoraíochta faoi cheilt
iontu.

Níl san eagla atá ort roimh an mbás ach
crith an aoire agus é ina sheasamh os
comhair an rí agus lámh ardaithe ag an rí
le leagan air mar onóir.

Nach bhfuil ríméad ar an aoire laistiar
den chrith sin, mar go mbeidh marc an rí á
chaitheamh aige?

Mar sin féin, is é an crith atá ag déanamh
buartha dó, nach ea?

Mar cad is ea é bás a fháil ach seasamh
nocht sa ghaoth agus leá sa ghrian?

Agus cad is ea é gan anáil a tharraingt
níos mó, ach an anáil a shaoradh ó na taoidí
suaite, i dtreo is go n-éireodh sí agus go
leathnódh sí agus Dia a lorg gan chuing?

Ní go dtí go n-ólfaidh tú as abhainn an
chiúnais a thosóidh tú ag canadh.

Agus nuair a bheidh barr an tsléibhe
bainte amach agat, is ansin a thosóidh tú ag
dreapadh.

Agus nuair a bhéarfaidh an chré greim ar
do ghéaga, is ansin a thosóidh tú ag damhsa
dáiríre.

Agus bhí sé ina thráthnóna cheana.

Agus arsa Almitra, bandraoi, Go naofar an lá seo agus an áit seo agus do spioradsa a labhair linn.

Agus ar seisean, An mise a labhair? Nach éisteoir a bhí ionamsa leis?

Síos céimeanna an Teampaill leis agus lean an slua é. Agus tháinig sé fad leis an long agus sheas ar deic.

Agus d'fhéach sé uair amháin eile ar an bpobal, d'ardaigh a ghuth agus ar sé,

A phobal Orfailíse, iarrann an ghaoth orm imeacht uaibh.

Níl an deabhadh céanna ormsa is atá ar an ngaoth, mar sin féin ní mór dom imeacht.

Sinne na fánaithe, slí an uaignis á lorg againn de shíor, ní chuirimid tús riamh le lá ar tháinig deireadh le lá eile ann; agus ní aimsíonn éirí na gréine sinn san áit chéanna ar fhág luí na gréine sinn.

Taistealaímid fiú agus an domhan fá shuan.

Síolta an phlanda dhiongbháilte sinn, agus is nuair is lánaibí sinn agus ár gcroí ag cur thar maoil a thugtar don ghaoth sinn agus a scaiptear sinn.

Ba ghairid í an tréimhse a chaitheas in bhur measc, agus ba ghairide fós iad mo bhriathra.

Ach má éagann mo ghuthsa in bhur gcluasa, agus mo ghrása ag dul as in bhur gcuimhne, tiocfad arís,

Agus is le croí níos saibhre i mo chliabh agus le beola a ghéillfidh níos mó do mo spiorad a labhróidh mé libh.

Go deimhin, fillfead i dteannta na taoide,

Agus cé go bhféadfadh an bás mé a cheilt oraibh, agus an t-ollchiúnas ina chlóca timpeall orm, fós féin lorgód bhur dtuiscint.

Agus ní saothar in aisce dom a bheidh ann.

Má tá an fhírinne in aon chuid dá bhfuil ráite agam, nochtfar an fhírinne sin i nguth níos léire, agus i mbriathra atá níos gaolmhaire le bhur gcuid smaointe.

❖

Imeodsa leis an ngaoth, a phobal Orfailíse, ach ní síos i bhfolús;

Agus mura gcomhlíonann an lá seo bhur gcuid riachtanas agus mo ghrása, bíodh sé ina gheallúint le haghaidh lá éigin níos faide anonn.

Athraíonn riachtanais an duine, ach ní athraíonn an grá ná mian an duine go sásódh an grá a chuid riachtanas.

Bíodh a fhios agaibh mar sin go bhfill-feadsa ón ollchiúnas.

An ceobhrán a imíonn ar fán ag breac-adh an lae agus nach bhfágann ina dhiaidh ach drúcht ar na goirt, éireoidh sé agus cruinneoidh ina néal is titfidh ansin ina bháisteach.

Agus ní neamhchosúil leis an gceobhrán a bhíos-sa.

Shiúlas bhur sráideanna i gciúnas na hoíche, agus ghabh mo spioradsa isteach in bhur dtithe,

Agus bhí buillí gach croí i mo chroíse, agus bhur n-anáil ar m'aghaidh agus bhí aithne agam oraibh go léir.

Sea go deimhin, bhí eolas agam ar bhur lúcháir agus ar bhur n-arraing, agus nuair fá shuan a bhí sibh ba iad bhur mbriong-lóidí na brionglóidí a bhí agamsa.

Agus ba mhinic mé i mo loch in bhur measc i lár na sléibhte,

I mo scáthán a bhíos ar na mullaí ionaibh agus na fánáin chama, is fiú nuair a ghabh bhur smaointe is bhur mianta thar bráid mar chaoirigh.

Agus chuig mo chiúnas-sa tháinig bhur bpáistí ina srutháin, agus mianta bhur n-óglach ina n-aibhneacha.

Agus ar shroicheadh mo dhuibheagáinse dóibh níor stad na srutháin ná na haibhneacha dá gcantain.

Ach tháinig chugamsa rud ní ba mhilse ná gáire agus ní ba mhó ná mianta.

An ní dochuimsithe ionaibhse;

An duine ollmhór nach bhfuil ionaibhse go léir ach cealla agus féitheoga de;

Eisean ina chantaireacht nach bhfuil ionaibhse ach broidearnach gan ghlór.

Is sa duine ollmhór sin atá sibhse mór,

Agus nuair a bhreathnaíos-sa air siúd bhreathnaíos oraibhse agus thugas grá daoibh.

Mar cá bhfuil réimse an ghrá atá lasmuigh den sféar fairsing sin?

Cad iad na haislingí, cén tnúthán nó cén toimhdiú a rachadh níos airde ná an eitilt sin?

Dair ollmhór atá clúdaithe le bláth na n-úll is ea an duine ollmhór ionat.

Ceanglaíonn a neart den talamh thú, ardaíonn a chumhracht chun na bhflaitheas thú, agus is neamhbhásmhar thú ina dhiongbháilteacht.

Dúradh leat go bhfuil tú ar nós slabhra, chomh láidir leis an lúb is laige ionat.

Níl ansin ach leath na fírinne. Tá tú chomh láidir chomh maith leis an lúb is láidre ionat.

Is ionann tú a thomhas de réir an ghnímh is lú atá déanta agat agus cumhacht an aigéin a mheas ar leochaileacht an chúir.

Tú a mheas ar do laigí is ea na séasúir a mheas de réir a luaineachta.

Go dearfa, is geall le haigéan thú.

Agus cé go mbíonn an long ina suí ag feitheamh leis na taoidí níl tusa—ar nós aigéin—in ann na taoidí a bhrostú.

Ar nós na séasúr atá tusa leis,

Agus cé go séanann tú an t-earrach sa gheimhreadh,

92

Mar sin féin, tá aoibh chodlatach an gháire ar an earrach sin ionat agus níl sé maslaithe agat.

Ná habraigí go bhfuil na nithe seo á rá agam i dtreo is go ndéarfadh sibh lena chéile, "Táimid molta go maith aige. Ní fhaca sé ach an mhaith ionainn."

Ní labhraímse libh i bhfocail ach faoi na nithe sin is eol daoibhse cheana in bhur n-aigne.

Agus cad is eolas na bhfocal ann ach scáil an eolais sin atá gan bhriathar.

Is tonnta iad bhur gcuid smaointe agus mo chuid briathra ó chuimhne shéalaithe a choinníonn taifead ar an lá inné,

Agus ar na laethanta i bhfad siar nuair nárbh eol don domhan aon ní fúinne, ná faoi féin,

Agus ar na hoícheanta úd nuair is suaite mí-ordúil a bhí an domhan.

Tá saoithe tagtha chugaibh chun a ngaois a roinnt libh. Tháinig mise chun blaiseadh den ghaois sin:

Agus féach gur aimsíos ní atá níos mó ná gaois.

Spiorad lasta ionaibhse é a chruinníonn níos mó de féin chuige féin,

Agus gan eolas agaibhse ar a leathnú, caoineann sibh seargadh bhur laethanta. An bheatha sa tóir ar an mbeatha, sa cholainn atá sceimhlithe roimh an uaigh.

Níl aon uaigh anseo.

Is é atá sna sléibhte agus sna machairí seo ná cliabhán agus cloch chora. Nuair a théann sibh thar ghort ina bhfuil bhur sinsir curtha, féachaigí go grinn, agus feicfidh sibh sibh féin agus bhur bpáistí agus greim láimhe agaibh ar a chéile is sibh ag rince.

Go deimhin, is minic meidhreach sibh gan fhios daoibh féin.

Tháinig a thuilleadh chugaibh agus geallúintí órga acu daoibh agus do bhur gcreideamh agus thug sibh maoin dóibh, cumhacht agus glóir, sin uile.

Is lú ná geallúint atá tugtha agamsa daoibh, ach chaith sibh níos flaithiúla liomsa.

Is é a thug sibh domsa cíocras chun na beatha.

Níl féirín níos fearr a d'fhéadfadh fear ar bith a fháil ná tart an domhain a dhéanamh

94

dá chuid aidhmeanna agus an saol go léir a iompú ina scairdeán.

Is tá m'onóirse agus mo luach saothair ann –

Nuair a thagaimse go dtí an scairdeán chun fliuchadh mo bhéil a fháil, bíonn tart ar an uisce beo féin;

Óltar mise agus mé á ól.

Mheas cuid agaibh mé a bheith ró-uaibhreach nó róchúthail chun glacadh le bronntanais.

Ró-uaibhreach chun glacadh le tuarastal atáim ceart go leor, ach ní dhiúltóinn d'fhéirín.

Agus cé go bhfuil caora súmhara ite agam i measc na gcnoc nuair a bhí cuireadh chun boird agam uaibh,

Agus cé gur chodlaíos i bpóirseáid an teampaill nuair a bheadh dídean curtha ar fáil agaibhse dom go fonnmhar,

Mar sin féin nach í an aire ghrámhar a thug sibh do mo chuid laethanta is oícheanta a dhein an bia milis i mo bhéal agus a thimpeallaigh mo shuan le haislingí?

∵

Thar aon ní eile, beannaímse sibh:

De thairbhe bhur bhféile gan fhios daoibh féin.

Go deimhin, an cineáltas a fhéachann air féin sa scáthán, iompaíonn ina chloch,

Agus an dea-ghníomh a labhrann leis féin go plámásach, is údar mallachta é.

Agus coimhthíoch atáim dar le cuid agaibh, agus m'uaigneas féin tar éis meisce a chur orm,

Agus dúirt sibh, "Téann sé i ndáil-chomhairle le crainn na foraoise, ach ní le daoine.

Suíonn sé leis féin ar mhullach an chnoic agus breathnaíonn síos ar an gcathair."

Is fíor gur dhreapas na cnoic agus gur shiúlas conairí iargúlta.

Conas a bheadh radharc agam oraibh ach ón mullach nó ón mball i gcéin?

An féidir a bheith i ngiorracht aon ní gan a bheith i bhfad uaidh?

Is bhí a thuilleadh fós in bhur measc agus ghlaoigh sibh orm, ní os ard, agus dúradar:

"A strainséir, a strainséir ar geal leat na mullaí doshroichte, cad a thug in airde ansin thú san áit a dtógann an fiolar a nead?

Cén fáth a lorgaíonn tú an ní nach féidir
a fháil?
Cad iad na stoirmeacha a cheapfaidh tú
i do líonsa,
    Nó cén éanlaith cheoch atá agat á seilg
sa spéir?
    Tar is bí mar dhuine againn féin.
    Tar anuas agus bíodh lán do ghoile agat
dár n-arán, is múch do thart lenár gcuid
fíona."
    In uaigneas a n-anama a dúradar an
méid sin;
    Ach dá mba níos doimhne é a n-uaigneas
bheadh a fhios acu nach raibh uaimse ach
rún bhur lúcháire is bhur n-arrainge a
aimsiú.
    Agus ní raibh á sheilg agam ach an
leagan ollmhór díbh a thaistealaíonn na
spéartha.

    Bhí an sealgaire á sheilg leis;
    Cad iad na saigheada a d'fhág mo
bhogha féin agus ba é mo bhrollachsa a
d'aimsíodar.
    Agus is ag eitilt agus ag snámháil a bhíos
ag an am céanna;
    Nuair a leathas mo chuid sciathán faoin
ngréin ba thurtar ar talamh í mo scáil.

Agus mise an fear creidimh, fear amhrais
a bhí ionam leis;

Mar is minic a chuireas méar i mo
chréacht féin i dtreo is go gcreidfinn níos
láidre ionaibhse agus aithne níos mó a chur
oraibh.

Agus leis an gcreideamh sin agus an
aithne sin atá agam oraibh a deirim libh,

Ní teanntaithe ag bhur gcolainn atá sibh,
ná sáite in bhur dteach ná sa ghort.

Tá sibhse in bhur gcónaí os cionn an
tsléibhe agus sibh ag imeacht leis an ngaoth.

Ní rud a thagann amach ar a bholg chun
teas na gréine a bhrath, ná poll a thochailt
sa dorchacht le bheith slán, is ea sibhse,

Ach rud atá saor, spiorad a thimpeall-
aíonn an domhan agus a ghluaiseann san
éitear.

Más briathra éiginnte iad seo, ná tabhair
faoina soiléiriú.

Tús an uile ní is ceoch éagruthach a
bhíonn, ach ní hin an deireadh,

Agus is mian liom go smaoineodh sibh
ormsa mar thús.

An bheatha féin agus gach aon ní beo, sa cheobhrán agus ní sa chriostal a ghintear iad.

Agus cá bhfios nach é atá sa chriostal ach meath an cheobhráin.

Cuimhnígí air seo agus sibh ag cuimhneamh orm:

An ní sin is leice agus is trína chéile ionaibh is láidre agus is diongbháilte.

Nárbh í bhur n-anáil a d'ardaigh agus a chruaigh struchtúr bhur gcnámh?

Agus nach taibhreamh, nach cuimhin le héinne agaibh, a thóg bhur gcathair agus a mhúnlaigh a bhfuil inti?

Dá bhfeicfeadh sibh taoidí na hanála sin ní fheicfeadh sibh aon ní eile,

Agus dá gcloisfeadh sibh cogarnach an taibhrimh sin ní chloisfeadh sibh fuaim ar bith eile.

Ní fheiceann sibh, ámh, ná ní chloiseann sibh, agus is maith sin.

An chaille a chlúdaíonn bhur súile, is iad na lámha a d'fhigh a ardóidh í,

Agus an chré a líonann bhur gcluasa, is iad na méara a d'fhuin a thollfaidh í.

Agus feicfidh sibh.

99

Agus cloisfidh sibh.

Ach ní ag cásamh a bheidh sibh gur dall a bhí sibh, ná ní bheidh cathú oraibh gur bodhar a bhí sibh.

Mar tuigfidh sibh an lá sin an aidhm rúnda a bhí leis an uile ní,

Agus beannófar an dorchadas faoi mar a bheannaítear an solas.

Tar éis dó na nithe sin go léir a chur de, d'fhéach sé ina thimpeall agus chonaic sé píolóta na loinge ar an stiúir, é ag breathnú ar na seolta lána agus ag breathnú uaidh ansin ar fhíor na spéire.

Agus ar seisean:

Foighneach agus rófhoigneach atá captaen na loinge.

Tá an ghaoth ag séideadh, agus is suaite iad na seolta;

An stiúir ag impí ar an lámh chun treoir a thabhairt di.

Ach ag feitheamh le mo chiúnas-sa atá an captaen go ciúin.

Chuala na mairnéalaigh leis mé, go foighneach, iad siúd a bhfuil cór na mórmhara cloiste acu.

Ní fhanfaidh siad níos mó.

Táimse ullamh.

Tá an fharraige bainte amach ag an sruthán, agus a maicín fáiscthe lena brollach aici ag an ollmháthair.

Slán agus beannacht, a phobal Orfailíse. Tá an lá istigh.
Ag dúnadh orainn atá sé mar dhuilleog bháite ar an lá amárach.
Coimeádfaimid gach ar tugadh dúinn anseo,
Agus murar leor é, beidh orainn teacht le chéile arís agus ár lámha a shíneadh le chéile i dtreo an bhronntóra.
Ná déanaigí dearmad go bhfillfidh mé oraibh.
I gceann tamaillín, cruinneoidh mo mhian dusta is cúr d'fhonn colainn eile a bheith aici.
Tamaillín eile, scíth ar an ngaoth ar feadh meandair, agus iompróidh bean eile mé.

Mo mhíle slán agus slán leis an óige a chaitheas in bhur dteannta.
Ní raibh ann ach an lá inné nuair a casadh ar a chéile i dtaibhreamh sinn.

101

Chan sibh dom san uaigneas, agus de bhur mianta thógas-sa túr sa spéir.

Ach chuaigh an suan ar teitheadh uainn agus tá an bhrionglóid thart anois, agus ní hí an chamhaoir a thuilleadh í.

Tá ina mheán lae agus ár leath-dhúiseacht ina lá iomlán, agus ní mór dúinn scaradh lena chéile.

Má chastar ar a chéile arís sinn i gclapsholas na cuimhne, labhróimid arís lena chéile agus canfaidh sibhse amhrán níos fuaimintiúla dom.

Agus má bhuaileann ár lámha lena chéile arís i dtaibhreamh eile tógfaimid túr eile sa spéir.

Agus leis sin, thug sé comhartha do na mairnéalaigh, agus láithreach bonn chrochadar an t-ancaire, scaoileadh an feistiú agus soir leo.

Agus ba chlos éamh ón bpobal mar éamh ón aon chroí amháin, agus d'imigh tríd an gclapsholas agus iompraíodh thar an mhuir é mar bhlosc ollmhór.

Almitra amháin a bhí ina tost, agus a súile dírithe ar an long go dtí go ndeachaigh sí as amharc sa cheo.

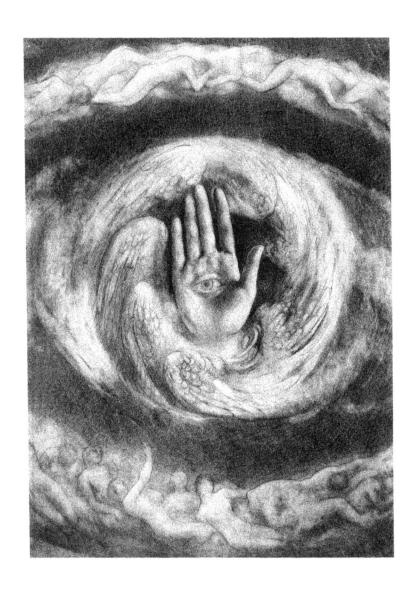

Agus nuair a scaip an slua go léir bhí sí fós ina seasamh léi féin ar an mballa mara agus í ag cuimhneamh ina croí ar a raibh ráite aige:

"Tamaillín eile, scíth ar an ngaoth ar feadh meandair, agus iompróidh bean eile mé."

Iarfhocal

Is iomaí eagrán den leabhar The Prophet a foilsíodh ó bhliain a fhoilsithe 1923, sa Bhéarla féin agus i gcéad is a hocht teanga eile, ar a laghad. Agus an t-eagrán seo á réiteach agam, bhí de phléisiúr agam eagráin eile de a cheadú chun cló-aghaidh a roghnú don téacs iontach seo. Shocraíos sa deireadh go gcoinneoinn toisí an téacs ón gcéad eagrán úd 1923.

Is uiscedhathanna a phéinteáil Kahlil Gibran sa bhliain 1923 iad naoi gcinn den dosaen léaráid a mhaisíonn an leabhar; gualach a úsáideadh sa tulmhaisiú "Aghaidh Almustafa" agus sa léaráid deiridh "An domhan diaga", agus líníocht leachtdatha atá sa léaráid "An pósadh".

Thaitin *The Prophet* go mór liom ón gcéad uair a chuala mé an cóiriú ceoil a dhein Richard Harris agus Arif Mardin de sa bhliain 1974 agus mé aon bhliain déag d'aois. Is mór an pléisiúr é eagrán Gaeilge Gabriel Rosenstock den leabhar aoibhinn seo a eisiúint.

Michael Everson
Dún Déagh, Mí na Bealtaine 2021

NÓTA FAOIN gCLÓ INAR CLÓ-CHUIREADH AN LEABHAR SEO

⁘

Cló-aghaidh sheirífe é Baskerville a dhear John Baskerville (1706–1775) in Birmingham, Sasana sna 1750í, agus John Handy a ghearr ina mhiotal é. Rangaítear Baskerville ina chló-aghaidh "idirthréimhse" nó "réalaíoch" a bhí le bheith ina mionleasú ar na cló-aghaidheanna ar a dtugaimid inniu cló-aghaidheanna "seanfhaiseanta" nó "clasaiceacha" na tréimhse sin, go háirithe cló-aghaidheanna a chomhaimsirigh cháiliúil, William Caslon. I gcomparáid le dearaí a raibh éileamh orthu níos luaithe sa Bhreatain, mhéadaigh Baskerville ar an gcodarsnacht idir buillí tiubha is buillí caola, rud a dhein níos géire agus níos caolaithe iad na seirífí, agus ais na litreacha cruinne a dhéanamh níos ingearaí. Tá na buillí cuartha níos cruinne ina gcruth, agus na litreacha níos rialta. Chruthaigh na hathruithe sin níos mó rialtachta sa tomhas agus sa chruth araon agus tionchar na peannaireachta orthu a d'fhoghlaim agus a mhúin Baskerville agus é ina ógfhear.

Tá an-éileamh i gcónaí ar chló-aghaidheanna Baskerville ag dearthóirí leabhar agus is iomaí athnuachan déanta orthu lenár linn féin; is minic a chuirtear gnéithe breise leo, cló trom, cuir i gcas, nach raibh fáil air in aimsir Baskerville.